AF607039
AVERSO

NO MIRES ATRÁS, ORFEO

CANCIÓN PARA UNA GENERACIÓN ADORMENTADA

JOSÉ SALENTO

Número 29 de la Colección **AVERSO POESÍA**

No mires atrás, Orfeo

Edición al cuidado de Averso Poesía
www.aversopoesia.com

hola@aversopoesia.com

Primera edición: marzo de 2024
ISBN: 978-84-10027-23-7
Depósito Legal: GR 221-2024

Impreso en España - *Printed in Spain*

El papel utilizado para la impresión de este libro está calificado como papel ecológico y procede de bosques gestionados de manera sostenible.

NO MIRES ATRÁS, ORFEO

CANCIÓN PARA UNA GENERACIÓN ADORMENTADA

JOSÉ SALENTO

AVISO A NAVEGANTES:

La lectura de este poemario debe ser entendida como el recorrido del laberinto de Minos. La única manera de escapar de él es andarlo, es decir, leer en voz alta sus versos y tomar cada coma, cada punto, cada pausa como un tramo del hilo de Ariadna. Solo así se puede vencer al Minotauro, y solo así se puede huir de las paredes de papel de estos versos. Escapar de esta especie de casa de Asterión requiere de la paciencia que no tuvo Orfeo en el Averno, del empeño por volver a pisar Ítaca de Ulises, de la astucia del propio Teseo, asesino del hijo de Pasífae.

Para aquellos que llevan
la revolución en los ojos,
la sangre en las manos y
la esperanza en la garganta.

PRÓLOGO

DIENTES DE ORO RECORRE EUROPA

Como las liras pasaron de moda, como las fieras están lejos de calmarse, como todo el mundo saldría corriendo si quisieras leer un poema... Mejor no mirar atrás. Asumir, como hace José Salento en este libro, que se escribe desde una generación atormentada y dentro de una generación atormentada, pero para nadie, porque el propio dolor ha borrado, con ayuda de la ideología neoliberal, cualquier rastro de un nosotros.

Las cosas que enseñaba Orfeo hoy no tienen ningún valor, el chamanismo se estudia en universidades *New Age*. En academias del más variado pelaje tienes a tu disposición cursos de astrología, magia y rituales místicos. La iniciación a la purificación astral y la visión de los eneagramas tienen los Iphone y las televisiones de pago atascadas. La vida futura viaja en VISA. El capitalismo no tiene afueras. El laberinto de Minos unos días termina en la verja de Melilla, otros en las playas de Zarzil o Lesbos, y otros en la Dehesa Montenmedio Golf & Country Club. Escapar, no se puede escapar. Se puede leer. Incluso hacer poesía contra él, pero nada más. A medida que lo lees, el laberinto crece. El hilo de Ariadna suelta carrete. Ulises amaga en una curva en el

Adriático y vuelve a poner rumbo a Egipto, al mosaico de las sirenas del Museo del Bardo, a las Afortunadas o tal vez a la isla Tortuga, solo por ver si alguna vez en alguna parte hicieron guitarras flamencas como las que hacía Santos Hernández, cualquier excusa es válida con tal de no tener que volver a casa antes de tiempo.

José Salento también salió un día de Ítaca, y no sé el tiempo que lleva en la isla Antemóesa, pero este libro creció allí, transido por el dolor, en medio de la neblina que impide a la clase obrera atisbar el paraíso, escapar a su destino, al laberinto de la producción/consumo, tajo/televisor, cronómetro/despertador, en un mundo enfermo de cinismo y ahíto de diseño industrial; intentando, con poesía, convocar a la belleza, a los rayos del sol, a la verdad, a la otra mano que una vez sacó a la tristeza de la tristeza con apenas unos cuantos acordes mayores, aunque sepa que es imposible la victoria.

José Salento no solo no mira atrás, no solo nos advierte del peligro de volver a donde no hay que volver (la infancia, las segundas partes, los lugares donde una vez fuiste feliz), sino que se resiste a los cantos de las sirenas que se llevaron a Butes, a Gary Cooper, a Ingrid Bergman, y a tantos otros por los que siguen doblando las campanas. Aunque ahora toquen un poco más lejos (Yemen, Sudán, Palestina, Crimea), el Hades sigue estando a la vuelta de la esquina; al otro lado de este río del olvido en el que el poeta se para a pensar que la vida tiene que ser otra cosa, que no todo tiene que ser naufragio, retirada, precariedad, discotecas oscuras y bacantes tracias que te apedreen, te despedacen y te escupan como el hueso de una aceituna. No todo tiene que ser pero dónde, dónde están los que componían la horaciana elegía de la vida, dónde los paladines de las letras, el excelso mecenas que invitaba al segundo cubata, la banda de los muchachos excesivos, dónde el brillo de sus ojos, el calor de sus sentimientos, la palabra exacta, la viveza de su juventud, el orgullo de aquellos años, los amores de Lidia, de Pirra, de Cínara entrelazados, igualados en un solo recuerdo perdido y desnudo que permanece.

¿A dónde, a dónde nos lleva este ángel de la historia de José Salento de regreso del inframundo? ¿Volver a Ogigia? ¿A Ítaca? ¿A Creta? ¿A Lesbos? ¿A Port Bou? ¿Acaso tirar de ese hilo dorado que el poeta conserva entre los dientes? La vida es corta, los años pasan volando, aprovecha y vive el momento presente, cada día trae su afán, la mejor lira sigue siendo una constelación de la de las noches estrelladas de Schönberg, sencilla y clara. Este es el misterio más inaudito.

Los tracios decían que los ruiseñores que más alto y mejor cantaban eran los que anidaban en la tumba de Orfeo. Cuando todos, Circe y Polifemo, Cerbero y Caronte, Sancho y don Quijote se hayan ido, ellos seguirán cantado. Si alguien lee esto o no, a ellos les trae sin cuidado.

Antonio Orihuela
En la vieja charca
Solsticio de invierno de 2023

NO MIRES ATRÁS, ORFEO

No mires atrás, Orfeo

Lo que puedo contaros
es todo lo que sé sobre el dolor
y eso nunca se inventa.
Javier Egea

Todo comienza como una canción de jazz,
a contratiempo e imponente,
así el olor de Ítaca se reconoce
entre los efluvios del Mediterráneo.
No se trata entonces de retomar un rumbo,
de quemar las almenas de Granada
ni de coronar a Caín señor de Mongibel,
porque en la neblina que provoca
el tiempo y la distancia
se infiere la decadencia de todo aquello
que la vista alcanza.
De esta manera la luz carcome
la verdad de los impíos

y me niego a soltarle la mano.

Calíope, musa desarraigada,
tristeza de la tristeza,
¿dónde han ido los acordes mayores?
Es agosto, pero parece noviembre
en la angosta alameda,
donde se hierra la memoria
y se escapa el sema de la existencia.

Yo, que nací un jueves de carnaval
en el que las lágrimas de Medea
anunciaban décadas de zozobra,
bebí del Leteo,
tomé las armas contra lo que es
y debe ser, y,
en consecuencia, herido frente a las puertas
cerradas de Isthar, alguien gritó
«no mires atrás, Orfeo».

La estación de las hojas secas

Con el estertor de un sueño de verano
nace la estación de las hojas secas,
dejando paso a noches de íncubos hambrientos
que ajan con sus sexos las vidas de otros.
No hay lugar para la esperanza cuando
los Oniros han perdido el sentido de los sueños,
y de las dos puertas ya solo queda
en pie aquella de marfil negro.
En la ciudad las luces titilan al compás
de campanas que doblan por todos nosotros,
penitentes del vacío más absoluto,
así crujen centenares de dientes rotos
sometidos a la dictadura de siniestros relojes,
así desaparece el futuro bajo el peso
de un presente que se parece al hambre
de la muerte.
No se trata de los murmullos del Cocito
ni del cantar de los féretros,
la condena de la civilización
es la crucifixión del Eros sobre los neones
de cientos de centros comerciales,
es el asesinato de Abel
en una escuela en la Bolivia profunda,
es la indiferencia al hambre y a la tristeza,
a la ceguera de quien tiene ojos y no ve.
Hace frío en la estación de las hojas secas,
hace frío y es tarde, y, a lo lejos,
una lira descompone un llanto desconsolado.

Tambores de tripa de cuero

El infierno son los otros.
J.P. Sartre

Unos dedos, como de fotografía
de hace décadas, acarician el lomo gris
de una ola de un mar de verano.
Allí el Verbo todavía era palabra prometida,
aviso sutil del exterminio,
átomo que daría lugar al atolón de un reino.
No era tiempo aún de cautiverios ni naufragios,
por eso unas manos se muestran
sobre los cabos de un barco,
se imponen jóvenes y fuertes,
piensan que sostienen con sus tendones el futuro,
pero la marea es parca en razones,
no obedece a señores
ni a dioses en su ocaso.

En lo que dura el suspiro de una estrella
la Edad Dorada desaparece
con la derrota del Titán y su guadaña,
ahora los dedos se apoyan en un espejo
que reflejan los ojos de un animal herido,
quizás lobo que se arrastra por el monte
con las entrañas abiertas,
quizás felino atacado por sus pares
y dado por muerto en un tejado de uralita.
No hay más, otro mamífero atrapado
en la crisálida de la existencia.

Sin embargo, los dedos, ya desprovistos de
cualquier inmortalidad inherente a la juventud,
no aceptan su aciaga suerte,
suplican a Prometeo un don,
a las Hespérides el atardecer eterno,
y a los hombres que afilen sus aceros.

Suenan tambores de tripa de cuero,
es tiempo de plañideras y mártires,
de crisantemos que prometen espinas,
es la hora de la batalla y del velo negro.
De entre la danza de fuego los dedos
observan el enjambre de cuerpos,
allí se desangra la Ética y la Moral,
y palidece de miedo la Piedad.
No hay sitio para los hijos de las musas
en un mundo enfermo de cinismo,
no hay sitio para los vástagos divinos
en una sociedad embrutecida y cegada.
Aun así, en el fondo de la caja
se hace fuerte la Esperanza,
y los dedos, porción distal de
la Humanidad, siguen enhebrando
la canción de la Historia,
y cantan, ya al alba, una nueva,
pero no última, derrota.
Suenan tambores de tripa de cuero.

De musas y poetas

Cantan las musas en el estanque,
desnudas, con sus sexos expuestos
a la belleza y a la piel tensa,
a la ignorancia de la sed y del después.
Cantan, bailan y embelesan corazones
de cuerpos desarropados
que han dejado la senda de la vereda vieja.
Las musas bautizan poetas y susurran,
con su voz que huele a cestro,
historias que parirán otras historias,
y así envenenan las mentes
de los nuevos rapsodas,
que ahora abrazan el invierno eterno y
se desviven por expirar la existencia
desde una ventana de un sexto piso,
desde la profundidad de un horno de gas,
desde la soledad de un tarro de Seconal Sódico.
Pero no hay belleza en los labios de la muerte,
decadentes pliegos que supuran terror,
mientras claman al imperio del olvido,
y mueven la anciana rueda de los tiempos.
Ya nada se recuerda de la risa de Eurídice,
dos veces muerta, una por la sierpe,
otra por la mirada de un hombre.
Ya nada se recuerda ni permanece,
queda, sí, la palabra escrita, los acordes
que reverberan en la noche de los tiempos.

De esta forma, y sin reparos,
los poetas refieren un dolor sempiterno
al hablar de la impaciencia de Orfeo,
de la oscuridad y el vacío del Averno,
del retorno de la llamada de la muerte,
que es como dos gritos que agotan el aire,
y apagan la luz lejos de la vereda vieja.

Penélope

Penélope mira al sol ahogarse
en un mar en calma.
Lo ve alzar los brazos
y sumergir la cara,
el gran astro se ahoga
y en silencio agoniza,
a la par que ella siente
el peso del tiempo
agarrarse a su piel,
dándola de sí, firmando
de propia mano la decadencia
de todo lo que respira.
Penélope está cansada,
sus dos hombres se fueron
en diferentes naves,
con diferentes suertes.
Su interior está seco por la sequía,
pero dentro del salón llueve,
llueve sobre mojado,
llueve sin compasión.
Los lobos no dan tregua,
festejan con ansia
el fin de los viejos tiempos,
mientras el arco coge polvo en el armero,
el sudario sobrevive a varios muertos,
la pena de la pena se desparrama
por todas las esquinas del palacio,
y Penélope redescubre así
el peso de la feminidad,

la culpa de ser mujer y reina.
Penélope, madre y esposa,
hija y de luto casta,
¿quién fuera hombre para
luchar las gestas de los héroes?
Tú, anulada y en espera,
sueñas con ser llama y extender
el fuego a todas las estancias,
¿pero cómo matar a otros Telémacos
aunque tu libertad dependa de ello?

Los borrachos crecen en los
rincones oscuros de los salones,
te marcan con miradas lascivas,
no respetan lo que quieren
que no eres tú, sino tu cuerpo
y el trono que ostentas.
Ni siquiera Argos, viejo perro
que te muestra los colmillos,
te reconoce como su señora.
Los días se suceden, los años
pasan y llega un momento en el que
el sonido de la tensión del arco
te da igual, que la sangre que inunda
el salón te da igual, que la justicia
de los hombres de tu casa te da igual.
Te ves ahí, en la puerta del dormitorio,
y te preguntas «¿debo dejarlo pasar?».

El beso de Hécate

Es tarde ya,
y sientes como la montaña
arroja por sus faldas
el enorme canto que es subido
para luego bajar.
Harta de tanta podredumbre
miras el mar y lo ves lejano,
tu tos amenaza un silencio sepulcral.
Sin darte cuenta,
la arena engulle tus pies
descalzos
mientras piensas
que la vida tiene que ser otra cosa.

Recuerdas que una vez
vestí el uniforme de los parias
cuando llamaron a mi montura
Muerte
y a mí, Terror,
que tejí con tendones hazañas
más allá de la noche y de sus astros,
que recorrí París y dormí a la
sombra de los vestigios de Occidente,
quién hubiera desafiado
el tiempo y el espacio
solo con la promesa
de un nuevo día,
de un público entregado.

La luna hace presencia
con su sonrisa abierta y tú,
desorientada,
desvistes las constelaciones
con todo aquello que sabes:
lo que fue pasó
Lo que es es eternidad
Lo que será, *chissà*.
Clavas tus seis ojos en la noche
y todo te parece brutal.

Recuerdas que ahora solo soy
un viejo profesor abdicado
de la literatura y su extrañamiento,
un poeta muerto en el tedio
con una brújula en el bolsillo
que señala con cierta insistencia
siempre hacia al sur.
Entonces, te viene a la mente que
a mi jamelgo lo llaman
Esperanza
y a mí, Huracán.

Te sientas en la encrucijada
para pensar que me habré perdido
o, peor, que habré encontrado otro camino
más fácil,
menos escarpado,
sin guijarros de vidrio fino
ni esfinges miserables,
y una pregunta te acecha

¿qué sentido tiene haber vivido
evitando cada una de las guerras?

Yo sigo sin llegar,
miras hacia delante,
sigue siendo tarde,
la perra no para de ladrar,
ves como a mi caballo de batalla
lo llaman capitán
y se dirigen a mí con un nombre
que ni tú te atreves a pronunciar.
¿Pero dónde estoy?
Si ni siquiera he llegado al cruce
donde me esperas con tres besos:
de serpiente,
        de fuego
                y de llave.

El futuro te espanta,
la luna ha dibujado vetas blancas
sobre mi piel oscura,
y llego al camino,
cansado y ajado,
sobre un caballo negro
con ojos que irradian
el dolor de la historia.
Mis manos, que no son manos
de artesano, ajustan el fusil
y apuntan hacia delante.
Te digo
«¿vienes o ya has perdido?»

Viejo náufrago

Tengo un idiota dentro de mí, que llora,
que llora y que no sabe, y mira
sólo la luz, la luz que no sabe.
Leopoldo María Panero

Ahora que se usurpa la palabra
y quedan mudas las manos,
ahora que la sierpe ha hundido
sus pálidos colmillos
en tu piel,
ya no reconoces
a la imagen del espejo
ni al mundo que subyace
a la palabra azul.
Así pasas las tardes,
afanado en buscar a gritos
a los fantasmas que pueblan
tus recuerdos.
Te urges en forzar un encuentro,
en volver a donde no hay que volver,
al lugar donde ya no queda nadie,
porque Nadie eres tú,
último superviviente del Argo.

Piensas que la gente está sorda
porque no escuchan el eco
de la calle, pues las paredes
tienen memoria y gritan,
repiten las palabras muertas

que recogen las promesas
vetustas, besos que nunca
llegaron a ningún puerto,
caras de hoy, pero aún mojadas
del éter de la primavera.
Si las personas pudieran
oír al tiempo, atender
la memoria, ver a los
espectros de la juventud
andar por calles andadas,
no aceptarían sin luchar
el invierno, no procrearían
sacrificando el florecimiento,
matarían en nombre de la Revolución.

Pero a quién vas a engañar,
viejo náufrago estúpido,
argos murió completando
la espera de su amo,
y su amo retorna con las manos
vacías a un mundo que
no reconoce su corona.
Ahora te preguntas
a dónde fueron los que
ya no están,
los paladines de las letras,
los excelsos y nocivos excesos,
la banda de los muchachos.

Calipso mira al frente,
ve el mar y su infinito apetito,

siente los alisios entre los dientes,
te recuerda perdido y desnudo
en la noche de los tiempos,
cuando te ofreció cobijo
sabiendo que daba refugio
a un prófugo, a un maldito,
y para cada propuesta suya
tú solo respondías: Ítaca.
Así pasaron los años,
tú ignorándolos, ellos
derribando todo aquello
que existía entre Troya y
las columnas de Heracles.

Calipso, como antes Argos,
espera que vuelvas
mecido por la corriente
de la vida y sus azares,
antes de que todo sea nada
y ya nada importe.

El hilo dorado

—¿Lo creerás, Ariadna? —dijo Teseo—.
El minotauro apenas se defendió.
Jorge Luis Borges

Tus pies atraviesan los umbrales
dejando atrás un hilo dorado,
en tu frente dibuja el sudor
escarchas de agua caliente,
y la sangre de un minotauro
empapa tus manos de efebo.
Tienes tan solo veinte años
pero ya has sido sacrificado,
al sol le debes tu trabajo,
a la luna el descanso.
Por ello te aferras al hilo,
a la ilusión de una salida
que te lleve a las noches
de vino y acordes,
y de jamelgos desbocados.
Morir a los veintisiete no parece,
así dicho, un mal trato.
Sin embargo, las paredes se hacen
eternas y cierran las semanas
y los años, y ahora tienes treinta,
pero los ignoras para seguir tirando.
Doblas las esquinas gemelas,
hermanas de todas las anteriores,
ya nada sabe a nuevo ni encuentras
placer en ninguno de tus actos.

Los compañeros que iniciaron
contigo el camino se han perdido
o han desertado, sin dudarlo,
del sendero del hilo dorado.
Mañana cumples cuarenta,
estás solo y solo acompañado
por la certeza de una salida,
por las sombras y la rutina.
Tu cuerpo ya conoce el dolor
y las miserias de la existencia,
tu cabeza es un polvorín
en permanente estado de alerta.
A pesar de que la luz ya no ilumina,
sigues en pie, agotado pero aún
convencido, tirando de aquel
viejo hilo dorado.

Tedio en la tarde

Unos ojos encendidos alumbran la tarde
y su rugido es el himno del tedio.
Se emplaza la memoria al sopor del fin del día
y es calamidad el tiempo perdido.
Tánatos y Eros están de cacería y nadie
en la ciudad quiere batirse en duelo,
así que endulzo el pensamiento con algún
motivo estúpido y hago grande mi estulticia.
Qué bueno hubiera sido
haber nacido holgazán,
idiota,
funcionario,
votante de la derecha,
o simplemente
alguien con la cabeza sobre el cuello.
Sin embargo,
llevo en mi cinto una espada de madera
y tengo los ojos encadenados al cielo.

Se desangra la tarde sobre las antenas
de los edificios
y creo que alguien me reclama a los lejos.

Elegía al día

Me iré de esta vida muerto,
no enfermo, no viejo,
aun pudiendo perdonar al alba
la penumbra de un nuevo día.
Será cuando los legajos de mi destino
ya no alumbren más que rutina,
y sepa a ruina la existencia,
porque el vino se habrá agriado,
las rosas perdido sus trajes,
y el teatro,
ay, el teatro,
el teatro se encontrará junto al
Palacio de Babilonia,
hecho amasijos de piedra y hierro.
Entonces nadie reconocerá
en la historia los versos
que abren el misterio,
esos que cantaba a la ceniza
aquel loco que iba descalzo.

Cuando me vaya muerto,
siendo un cadáver prometido
a las larvas y al suelo,
quién gastará tinta en mantener
en la memoria cosas tan triviales como
la traición de Circe o la gesta
contra Polifemo, que roto de
dolor y de ceguera seguirá
culpando a Nadie de todos

sus males,
de su agreste soledad
en la isla de Sicilia,
Quién dirá que esos gigantes
son gigantes y no molinos,
y a lomos de un jamelgo viejo
se disponga a una penúltima batalla.

El día que muerto me vaya
alguien gritará en la profundidad
de la ciudad invocando mi espíritu.
Los últimos supervivientes de
un mundo trágicamente aburrido
hablarán de asaltar el inframundo,
descabezar al Cerbero,
a Caronte estafar y a la señora de hierro
colgar desnuda boca abajo.
En conclusión,
de liberarme y de asaltar el camino.
Pero sus palabras se enredarán
en la melancolía de las dos
de la madrugada, y en el alboroto
de mil estorninos que portan
la aurora, sufrirán el tajo de
las Moiras ante la tristeza
de un nuevo día.
Y esa noche se brindará
con el hada verde en todas
las tabernas del Averno.

El día que me vaya escribiré
la elegía por el mundo que quede.

Frente de batalla

Endeudado y cargado de sombras
despierto como despierta
un muerto.
Así surge la mañana,
pensando en cómo seré de viejo
rodeado de pescaditos de oro,
anhelando aquel tiro en el pecho.
Me cuesta tanto recordar,
porque mirar
atrás es asumir la derrota
o la traición,
si es que no son la misma cosa.
Donde hubo botas de soldado raso
ahora solo queda el barro,
y duele tanto
eximir a la vida del duelo,
exigir al llanto el consuelo
de una revolución venida a menos.

Al llegar la noche le robo
versos a los muertos,
y veo que cada vez
estoy más cuerdo,
y duele tanto la lucidez
que ni la madrugada calma
lo que antes calmaba.

Miro el cargador y advierto
que ya casi no quedan balas.

Siento el sabor de la sangre,
ya me dispongo a correr hacia
el alba.

Si alguien lee esto,
aún hay esperanza.

Ingeniero del aire

Cuando los astros desenfundan
sus máscaras de luz
un níveo pensamiento ocupa
tu cabeza:
abajo se sitúa el abismo,
sobre ti los dioses muertos.
Todo lo tenebroso
que puede ser lo desconocido
abre sus fauces esperando
que te canses de luchar
contra la naturaleza humana
y caigas agotado con
las alas desplumadas.

Mientras la luz se hace agua
en la profundidad de El Cabo
las sirenas cantan con
perfecta afinación y atraen
a hombres y a mujeres
y a mujeres y a hombres
a la vorágine de su apetito.
Tú, que todo lo ves desde la altura,
observas como se ofrece el aire
de los pulmones por sal,
aprecias cómo la ciudad engulle
sin tristeza a sus hijos,
te apena el fracaso de Tifeo
en la toma del Palacio de Invierno,
y te espanta que La Gran Biblioteca

haya apagado su sed con
libros de escritores que no saben leer.
De esta manera sucede el tiempo,
cuanto más ves más ciego
te parece el mundo.

Hubo una vez en que tus manos
amasaron el ingenio del arte,
ahora solo penden de tu cuerpo
en el balanceo de los alisios.
Los labios secos y agrietados
te anuncian que se acerca la bruma,
la bruma del invierno y el ayuno,
y un rayo de luz comunica tu epitafio:

Esta es tu historia,
ingeniero de lo absurdo:
desterrado al aire,
te cuidas de día del sol
y en la noche del mar.
Exiliado del viento,
cantas tu canción
aunque nadie la vaya
a escuchar.

Nosotros, los parias

A los Poetas del Desacato.

Setenta veces siete me dices que culpas
al crepúsculo y al sol del exilio de la luna,
que Perséfone en su delirio de invierno
ha condenado a muerte a quien
no tiene fuego ni consuelo,
que escribes porque te duele
la vida, o quizás la rutina,
que respirar para ti es un acto
de supervivencia, como si
para los demás fuera un lujo
o una demostración de soberbia.

Tú, que sonando siete trompetas
siete días, tumbaste los muros de Jericó
portando la bandera de la Escritura,
alardeas de ser paladín
de la poesía y embajador de
las bellas artes.
¿Qué seremos nosotros entonces?
Si tú eres la luz, nosotros debemos ser
la oscuridad,
si tú eres la canción,
nosotros seremos el silencio,
si tú vistes de alegría,
nosotros de leche negra.

Hay un fantasma recorriendo Europa,
somos nosotros, parias de la tristeza,
guardianes del Zaguán, la última
calada entre la ceniza y la locura.

El diente de oro te alumbra la avenida,
pero el 38 te tiene en su mira.

La caída de Orfeo

Between grief and nothing
I will take grief.
William Faulkner

Unos ojos ensombrecen la oscuridad,
se mecen en las tinieblas de la memoria,
unos ojos insomnes, sempiternos,
que ya no tienen cuerpo
ni cuencas donde reposar lo mirado.
Se balancean sin compás alguno,
como movidos por el viento del tiempo,
guardan distancia en lo oscuro,
parecen ciertos y petrificados,
no se inmutan ante la lira de Orfeo,
no responden a la canción ni al poema,
solo existen y flotan en un vacío,
cada vez más profundo y recio.
Si alguna vez fueron parte de algo,
ya no lo son de nada,
ni de estatua de sal
ni de alma secuestrada,
son solo dos ojos que flotan
en la depresión de las sombras.
Su mirada no hace la carne piedra,
mas lacera como un cristal roto,
y de la sangre que emanan las heridas
surge al contacto con la tierra
flores que huelen a azahar en primavera.

Pero los ojos son impasibles ante la
decadencia de la égida y el rugir
de un mundo nuevo.
Al otro lado de la mirada
las ménades se sienten afrentadas,
con la locura que portan las masas
ponen fin al hijo de Calíope y de Apolo,
mientras una voz a lo lejos clama
«No mires atrás, Orfeo».

ÍNDICE

Este libro se terminó de editar en Granada
en marzo de 2024 por

www.aversopoesia.com
hola@aversopoesia.com